CAMPAGNE

DES

FRANÇAIS,

DEPUIS LE 8 SEPTEMBRE 1793,

Répondant au 22 fructidor de l'an Ier. de la
République française,

JUSQU'AU 15 PLUVIÔSE AN III.

Prix, sous pour *Paris, et* sous pour
les départemens.

A PARIS,

Chez J GRATIOT et compagnie, imprimeurs, cul-
de-sac Pecquay, rue des Blancs-Manteaux,

Et chez GIRARDIN, libraire, au palais Égalité.

AN IV DE LA RÉPUBLIQUE.

AVERTISSEMENT.

CET ouvrage est une espèce de tableau chronologique des principaux combats que les armées de la République ont livré pendant cette mémorable campagne de dix-sept mois. L'énoncé de chaque action est renfermé dans un cadre qui présente l'indication du lieu où elle s'est passée, le nom de l'armée et du général commandant, la date de l'année et du jour, le nombre des ennemis tués ou faits prisonniers, des canons et drapeaux pris, et la quantité de munitions de guerre enlevées à l'ennemi.

Annoncer que ce travail s'est fait sous les yeux du gouvernement, et d'après la correspondance des généraux et des représentans du peuple près les armées, c'est garantir l'exactitude et l'authenticité des faits.

Le 14 ventôse de l'an troisième de la République, la Convention nationale décréta que ce tableau serait affiché dans le lieu de ses séances et envoyé aux armées, aux administrations de département et aux municipalités.

Les souscripteurs au *Journal des Défenseurs*

de la Patrie, l'ont reçu par feuilletons de quatre pages, qui ont été successivement joints aux numéros qu'ils ont reçus.

Depuis, les nombreuses demandes qui nous ont été faites, nous ont déterminé à rassembler ces feuilletons et à en former un petit livret composé de 56 pages in-8°.

CAMPAGNE
DES
FRANÇAIS,

Depuis le 8 Septembre 1793, répondant au 22 Fructidor de l'an Ier. de la République française, jusqu'au 15 Pluviôse, an IIIe.

ARMÉES.		SEPTEMBRE 1793, an 1 de la Répub.
NORD.	HONSCOOTE ou HONDTSCHOOTE. *HOUCHARD, général en chef.* Bataille d'Honscoote, gagnée par seize mille républicains contre dix-huit mille hommes de troupes coalisées. Six mille ennemis tant tués que blessés.	8.
ARDENNES.	HASTIR ou HASTIÈRES, près Givet. *LOISON, commandant.* Enlèvement des postes d'Hastières ; perte considérable des ennemis.	8.
ITALIE.	BROUIS, et autres postes aux environs de Sospello. *DUMERBION, général en chef.* Déroute complète des Piémontais, repoussés des postes de Brouis, Hutel et Levenzo. Deux mille ennemis tués.	8.
NORD.	DUNKERQUE et BERGUES. *HOUCHARD, général en chef.* Fuite précipitée du duc d'Yorck ; retraite de quarante mille Anglais, Hessois et coalisés, forcés par suite de la bataille d'Hons-	9.

ARMÉES.		SEPTEMBRE 1793.
NORD.	coote, de lever le blocus de Dunkerque et de Bergues. Prise de cinquante-deux canons et de trois cents milliers de poudre.	9.
ALPES.	PLAINE D'AIGUEBELLES, en Maurienne. *LEDOYEN, commandant.* Avantage des républicains dans la plaine d'Aiguebelles; déroute des Piémontais devant des forces inférieures. Quarante ennemis tués.	11.
RHIN.	DAHNBRUCK, BLEISWEILLER, NIDERHORBACH, BARBELROTH, et forêt de BIENVALD. *LANDREMONT, commandant en chef.* Expulsion de l'ennemi attaqué sur tous les points de ses postes, au Dahnbruck et dans la forêt de Bienvald près Lauterbourg; les émigrés campés près Barbelroth et Bleisweiller, mis en déroute, sont poursuivis jusqu'à Niderhorbach. Deux batteries emportées, un obusier et trois canons encloués, une pièce de vingt-cinq démontée, toute une compagnie d'artillerie prisonnière, et cent chevaux tués.	12.
NORD.	WERWICK et COMINES. *HÉDOUVILLE,* *BÉRU,* *commandans.* *MACDONALD,* Combat à Werwick et Comines; prise de quarante-huit canons. Deux mille ennemis prisonniers.	13.
ALPES.	EPIERRE et BELLEVILLE en Maurienne. *LEDOYEN, commandant.* Expulsion de l'ennemi, des hauteurs de	13 — 14.

ARMÉES.		SEPTEMBRE 1793.
ALPES.	Belleville; prise de la redoute et des retranchemens d'Epierre. Grand nombre d'ennemis tués, dix-neuf prisonniers.	13—14.
RHIN.	**NOTHWEILLER, BONDENTHAL.** *LANDREMONT, général en chef.* Enlèvement, à la baïonnette, du camp retranché de Nothweiller; l'ennemi est poursuivi jusqu'au-delà de Bondenthal. Prise de deux canons et de quinze cents fusils.	14.
OUEST.	**MONTAIGU.** *CANCLAUX, général en chef.* Victoire remportée par les républicains près de Montaigu.	16.
PYRÉNÉES OCCIDENTALES.	**URDACH en Espagne.** *MULLER, commandant en chef.* Avantage sur les Espagnols à Urdach, dans la vallée de Bastan. Grand nombre d'ennemis tués.	16.
PYRÉNÉES ORIENTALES.	**VERNET et PÉYRES-TORTES.** *DAOUST, général en chef.* Reprise du poste de Vernet et de six pièces de canon, par quinze cents Français. Bataille à Péyres-Tortes, gagnée par sept mille cinq cents Français sur quatorze mille Espagnols. Déroute complète de l'ennemi; prise de son camp, de vingt-six canons, quatre obusiers, et de quantité d'or et d'argent. Neuf cents ennemis tués, douze cents blessés, seize cents prisonniers.	17.

ARMÉES.		SEPTEMBRE 1793.
PYRÉNÉES ORIENTALES.	STERRY, près le port de Paillas. *SAHUGUET, commandant.* Prise, de vive force, de Sterry par les républicains, de trente mille cartouches et de beaucoup d'effets de campement.	18.
Idem.	VILLEFRANCHE, PRADES. *GILLY,* *DAVID,* } *commandans.* Prise de Villefranche et du camp de Prades, de deux pièces de canon et d'une grande quantité de tentes.	21.
Idem.	ESCALO, UABORSY. *SAHUGUET, commandant.* Prise de ces deux postes sur les Espagnols, dont beaucoup de tués et prisonniers.	21
ALPES.	CHATILLON. *VERDELIN, commandant.* Enlèvement, de vive force, des retranchemens de Châtillon, sur les Piémontais mis en déroute et forcés de repasser la rivière de Ciffe. Grand nombre d'ennemis tués.	VENDÉM. an II. 4.
Idem.	GORGES DE SALLANGES, près Cluses. *VERDELIN, commandant.* Défaite de l'ennemi dans les gorges de Sallanges ; prise de la redoute de Saint-Martin et de dix canons. Grand nombre d'ennemis tués, cent vingt-un prisonniers.	7.

ARMÉES.	MONT-CORMET.	VENDÉM. an II.
	CHAMBERLHAC, commandant.	
ALPES.	Enlèvement, de vive force, des retranche-mens du mont Cormet, par cinq cents répu-blicains qui repoussent mille Piémontais retranchés dans ce poste avec du canon. Nombre d'ennemis tués et blessés.	9.
	VALMENYER.	
	PRISY, commandant.	
Idem.	Enlèvement, à la baïonnette, du poste de Valmenyer ; prise de deux canons, de beau-coup de tentes, équipages et munitions. Soixante ennemis tués, quatre-vingt pri-sonniers.	11.
	BEAUFORT.	
	SAINT-ANDRÉ, } *commandans.* *CHAMBERLHAC,* }	
Idem.	Enlèvement, de vive force, du poste de Beaufort.	11.
	MOUTIERS et BOURG ST. MAURICE.	
	KELLERMANN, général en chef.	
Idem.	Prise de Moutiers et du bourg St. Mau-rice ; expulsion de l'ennemi, du territoire du Mont-Blanc.	11.
	COL DE LA MADELEINE, au-dessous de Saint-Jean de Maurienne.	
	LEDOYEN, commandant.	
Idem.	Enlèvement, de vive force, du poste im-portant du col de la Madeleine. Grand nombre d'ennemis tués, douze faits prisonniers.	11.

ARMÉES.		VENDÉM. an 11.
	LE BOULOU et ARGELÈS, près Collioure. *DELATRE, commandant.*	
PYRÉNÉES ORIENTALES.	Enlèvement des camps espagnols du Boulou et Argelès ; prise d'un canon, de deux mortiers, et de quantité de munitions.	12.
	CAMPREDON. *DAGOBERT, commandant.*	
Idem.	Prise de Campredon, fuite des Espagnols, évasion des habitans.	13.
	Près de VILLELONGUE. *DELATRE, commandant.*	
Idem.	Combat entre la garnison de Collioure et la cavalerie espagnole ; déroute des ennemis. Grand nombre de tués, trente-six prisonniers.	13.
	ARRAU, VALLÉE D'AURE. *LASALLE,* *MASCARON,* } *commandans.* *DAT,*	
PYRÉNÉES OCCIDENTALES.	Enlèvement des postes d'Arrau et de la vallée d'Aure, après une attaque sur trois colonnes. Retraite de l'ennemi.	13.
	BITCHE et RORBACH. *DELAUNAY, commandant*	
MOSELLE.	Combat et retraite précipitée des coalisés qui s'étaient portés sur Bitche et Rorbach avec douze mille hommes et quatorze pièces de canon. Cinquante ennemis tués.	24.

ARMÉES.	SARGUEMINES.	VENDÉM. an II.
MOSELLE.	**DELAUNAY**, *commandant.* Combat près de Sarguemines ; l'ennemi repoussé avec perte de trente hommes, et un obusier démonté.	25.
NORD.	WATTIGNIES, près Maubeuge. **JOURDAN**, *général en chef.* Bataille de Wattignies, gagnée sur les Autrichiens, après deux jours de combat et trois charges à la baïonnette ; levée du blocus de Maubeuge. Six mille Autrichiens tués.	25---26.
ITALIE.	GILLETTE. **DUGOMMIER**, *général en chef.* Avantage de six cents républicains qui se battent pendant dix heures, sans artillerie, et repoussent quatre mille Autrichiens, Croates et Piémontais, soutenus par six pièces de canon. Grand nombre d'ennemis tués, quatre-vingt-huit prisonniers.	27.
Idem.	GILLETTE. **DUGOMMIER**, *général en chef.* Victoire complète sur les Piémontais, à Gillette ; enlèvement de redoutes, à la baïonnette ; prise de deux canons. Huit cents ennemis tués ou blessés, sept cent cinquante prisonniers.	28.
PYRÉNÉES OCCIDENTALES.	URRUGNE, près St. Jean-de-Luz. **JACOB RONCHET**, *commandant.* Déroute de trois colonnes espagnoles, après une fusillade de cinq heures. Perte considérable de l'ennemi.	30.

Armées.	VALLÉE DE BAIGORY.	Brumaire, an II.
	Dubouquet, *général-commandant.*	
Pyrénées Orientales.	Avantages sur les Espagnols dans la val-lée de Baigory. Cent cinquante ennemis tués, onze prisonniers.	1.
Nord.	WARNETON, COMINES, WERWICK. *Souham*, *commandant.* Enlèvement des postes de Warneton, Comines, Werwick, Roncq, Alluin, Ménin, Furnes et Poperingues. Prise de sept canons, quarante ennemis tués, cinq cents prisonniers.	1.
Italie.	UTEL ou HUTEL. *Dugommier*, *général en chef.* Défaite à Utel de cinq mille ennemis, par neuf cents républicains, après onze heures de combat.	1.
Rhin.	BREITENSTEIN. *Burcy*, *commandant.* Attaque du poste de Breitenstein par les Autrichiens ; l'ennemi repoussé avec une perte considérable.	2.
Pyrénées Orientales.	En avant de VILLELONGUE. *Souleyrac*, *Meynard*, } *commandans.* Reprise, à la baïonnette, d'une batterie ennemie, en avant de Villelongue. Cent ennemis tués, trente-deux prisonniers.	9.

ARMÉES.	GRANDVILLE.	BRUMAIRE, an 11.
	. . . . . . *commandant.*	
OUEST.	Défaite des rebelles de la Vendée, sous les murs de Grandville.	24.
RHIN.	**Près STRASBOURG.** *PICHEGRU, général en chef.* Surprise et enlèvement de trois postes ennemis.	26.
MOSELLE.	**BITCHE.** *BARBA, commandant.* Défaite de quatre mille Autrichiens devant Bitche ; grand nombre de tués. Cent cinquante prisonniers.	27.
Idem.	**LÉBACH.** *AMBERT, commandant.* Déroute complète des Autrichiens, près Lébach ; grand nombre de fantassins et cent trente cavaliers faits prisonniers ; cent chevaux pris.	27.
Idem.	**BISING, BLISE-CASTEL.** *HOCHE, général en chef.* Prise de Bising et Blise-Castel, après un combat ; sept cents ennemis tués.	27.
RHIN.	**NEUVILLER.** *PICHEGRU, général en chef* Enlèvement, de vive force, du poste de Neuviller, et de quatre autres environnans.	28.

ARMÉES.	WANTZENAU. *PICHEGRU, général en chef.*	BRUMAIRE, an II.
RHIN.	Prise d'une forte redoute, et de sept pièces de canon, près Wantzenau.	28.
Idem.	Environs de BOUXWEILLER. *BURCY, commandant.* Enlèvement de deux redoutes formidables, près de Bouxveiller.	29.
Idem.	BOUXWEILLER, BRUMPT, HAGUENAU. *PICHEGRU, général en chef.* Combats successifs et enlèvement de tous ces postes par les Français ; déroute de l'ennemi.	FRIMAIRE. Du 1 au 3.
ITALIE.	CASTEL-GENEST, BREC, FIGARETTO. *MASSENA, commandant.* Défaite de huit cents Piémontais, par cinq cents Français, à Castel-Genest et à Brec, après deux combats successifs. Prise de Figaretto et de trois cents tentes ; grand nombre d'ennemis tués, soixante prisonniers.	4.
NORD.	HOUTEM, WERWICK. *SOUHAM, commandant.* Attaque de tous les postes ennemis sur la Lys ; cent cinquante ennemis tués, cent quarante prisonniers.	10.
RHIN.	LANDGRABEN, GAMBSHEIM. *DESAIX, commandant.* Enlèvement de la redoute du pont de Landgraben, et des retranchemens de Gambsheim ; perte considérable de l'ennemi.	11.

ARMÉES.	Entre FALMAGNE et FALMIGNOULE, près Givet.	FRIMAIRE, an II.
ARDENNES.	*ROSTOLANT, adjudant-général-commandant.* Vigoureuse sortie de la garnison de Givet, qui tue beaucoup d'ennemis, et ne perd que cinq à six hommes, entre Falmagne et Falmignoule.	12.
RHIN.	Près du bois de GAMBSHEIM. *DIETTMANN,* *DESAIX,* *commandans.* *COMBÈS,* Combat ; l'ennemi repoussé perd soixante hommes tués : on lui prend cinquante chevaux.	12.
Idem.	OFFENDORFF, DRUZENHEIM. *PICHEGRU, général en chef.* Expulsion de l'ennemi du village d'Offendorff ; il est poursuivi jusqu'à Druzenheim.	14.
Idem.	DAWENDORFF, entre BOUXWEILLER et HAGUENAU. *PICHEGRU, général en chef.* *LATOURNERIE, capitaine-commandant la vingtième compagnie d'artillerie volante.* Prise des hauteurs de Dawendorff, après une action très-vive.	19.
OUEST.	LE MANS. *MARCEAU, commandant.* Victoire remportée sur les rebelles, près et dans la ville du Mans.	22.

ARMÉES.		FRIMAIRE au II.
	Près St. Jean-de-Luz. *Muller, général en chef.*	
PYRÉNÉES OCCIDENTALES.	Déroute des Espagnols, forcés de repasser la Bidassoa, après une perte considérable.	23.
	Dahnbruck et Lembach. *Bonneau,* *Grangeret,* } *généraux-* *Taponier,* } *commandans.*	
MOSELLE.	Enlèvement, de vive force, par trois différentes divisions de l'armée, des hauteurs de Marsal, du Dahnbruck et de Lembach.	25.
	Promontoire de l'Aiguillette, **près Toulon.** *Dugommier, général en chef.*	
ITALIE.	Enlèvement, de vive force, des retranchemens et redoutes qui défendaient Toulon. Prise de treize pièces de canon.	25.
	Toulon. *Dugommier, général en chef.*	
Idem.	Prise de Toulon ; fuite précipitée des Anglais et des Espagnols. Douze cents ennemis tués.	26.
	Bois de Jamaique, près Philippeville. *Hardi, commandant.*	
ARDENNES.	Combat près le bois de Jamaique, entre une partie de la garnison de Givet et les Autrichiens. L'ennemi repoussé avec perte.	27.

ARMÉES.		FRIMAIRE, an II.
	Hauteurs près VILLELONGUE. *DOPPET, commandant.*	
PYRÉNÉES ORIENTALES.	Enlèvement, à la baïonnette, par deux mille cinq cents Français, des hauteurs près Villelongue. Prise de seize canons, de deux obusiers, d'un mortier, le reste des canons encloués; cinq cents ennemis tués, cent prisonniers.	29.
	WERD ou WERDT, REISHOFFEN et GONDERSHOFFEN. *HOCHE, général en chef.*	NIVÔSE.
RHIN et MOSELLE réunies.	Défaite de l'ennemi à Werdt; enlèvement, à la baïonnette, de plusieurs redoutes. Prise de seize canons, et de vingt-quatre caissons; trois cents ennemis tués ou blessés, cinq cents prisonniers.	2.
	BISCHWEILLER, DRUZENHEIM, HAGUENAU. *PICHEGRU, général.*	
Idem.	Enlèvement de tous les retranchemens de Bischweiller, Druzenheim et Haguenau. Prise de plusieurs canons et caissons, et de quantité de munitions. Mille prisonniers.	3.
	OBERSEEBACH. *HOCHE, général en chef.*	
Idem.	Déroute de l'ennemi, chargé jusqu'à six fois; grand nombre de morts et de blessés.	5.
	GEISBERG. *VERNET, commandant septuagénaire.*	
Idem.	Prise du château de Geisberg, et de deux pièces de canon.	5.

ARMÉES.	LIGNES DE LA LAUTER et WEISSEMBOURG.	NIVÔSE, an II.
RHIN et MOSELLE réunies.	**HOCHE, *général en chef.*** Évacuation forcée des lignes de la Lauter, de Weissembourg, et levée du blocus de Landau par l'ennemi.	5—6.
RHIN.	GERMERSHEIM et SPIRE. **HOCHE, *général en chef.*** Enlèvement des postes de Germersheim et Spire; prise de magasins considérables de vivres et de fourrages.	7.
RHIN et MOSELLE réunies.	Entre GERMERSHEIM et FRANCKENTHAL. **HOCHE, *général en chef.*** Poursuite de l'ennemi, et combats multipliés entre l'avant-garde française et l'arrière-garde ennemie. Cent vingt ennemis tués, soixante prisonniers.	14.
NOIRMOUTIER.	NOIRMOUTIER. **HAXO, *commandant.*** Prise sur les rebelles, de l'île de Noirmoutier, de cinquante pièces d'artillerie et de huit cents fusils.	14.
RHIN et MOSELLE réunies.	WORMS. **HOCHE, *général en chef.*** Prise de Worms, après la retraite forcée des ennemis.	17.
PYRÉNÉES OCCIDENTALES.	MONTAGNE DE LOUIS XIV, près Ispeguy. **LAROCHE, *général de brigade commandant.*** Surprise et enlèvement, de vive force,	23.

ARMÉES.		NIVÔSE, an II.
PYRÉNÉES OCCIDENTALES.	du poste de la Montagne de Louis XIV, par quatre cents républicains ; destruction de tous les ouvrages espagnols.	23.
RHIN et MOSELLE réunies.	**FORT VAUBAN.** *HOCHE, général en chef.* Les ennemis font une sortie du fort Vauban. Combat opiniâtre. Ils sont repoussés avec perte de deux pièces de canon et de quarante prisonniers.	27.
RHIN.	**FORT VAUBAN.** *HOCHE, général.* Évacuation totale du département du Bas-Rhin, par les coalisés. Reprise du fort Vauban.	29.
PYRÉNÉES OCCIDENTALES.	**COL D'HARRIETTE, près d'Ispeguy.** *LEFRANC, chef de brigade commandant.* Enlèvement, à la baïonnette, par deux cents Français, de la redoute d'Harriette, près Ispeguy. Huit ennemis tués, quarante-sept prisonniers.	PLUVIÔSE. 2.
Idem.	**URRUGNE, et SAINT-JEAN-DE-LUZ, ou CHAUVIN-DRAGON.** *MULLER, général en chef.* *FRÉGEVILLE, commandant.* Déroute de quinze mille Espagnols, battus à Urrugne et Chauvin-Dragon, par cinq mille républicains. Douze cents ennemis tués.	17.

ARMÉES.	SARE et BERRA.	PLUVIÔSE, au 11.
PYRÉNÉES OCCIDENTALES.	*DUPRAT, commandant.* Déroute complète des Espagnols à Sare et Berra.	17.
RHIN.	OGERSHEIM. *DESAIX, commandant.* Enlèvement, de vive force, du poste d'Ogersheim par les Français. Prise d'une grande quantité de vivres et de fourrages. Cent quatre ennemis faits prisonniers.	VENTÔSE. 1.
ARDENNES.	SOUMOY, CERFFONTAINE, près Philippeville. *HARDY,* *ROSTOLLANT,* } *commandans.* Combat près Soumoy et Cerffontaine; défaite de l'ennemi. Quarante Autrichiens tués, quatre-vingts blessés.	16.
MOSELLE.	HAUTEURS et FORGES D'IÆGERTHAL. *TAPONIER, commandant.* Défaite de trois bataillons Autrichiens sur les hauteurs des Forges d'Iægerthal. Prise de deux drapeaux.	18.
Idem.	APACH, au nord de Sierck. *LEFEVRE, commandant.* Avantage contre les Prussiens qui attaquent les avant-postes d'Apach. L'ennemi repoussé avec perte.	GERMINAL. 5.

ARMÉES.	SAINT-MICHEL, à deux lieues de Saint-Jean-de-Luz.	GERMINAL, an II.
	MAUCO, *ENCHOPS,* } *commandans.*	
PYRÉNÉES OCCIDENTALES.	Enlèvement, de vive force, du retranchement d'Ozoné près Saint-Michel ; suite des Espagnols.	14.
	HENDAYE.	
	FRÉGEVILLE, commandant.	
Idem.	Défaite des Espagnols près Hendaye. Nombre d'ennemis tués et blessés.	17.
	FOUGASSE.	
	BIZANNET, commandant.	
ITALIE.	Enlèvement, par six cents Français, après huit heures de combat, du camp de Fougasse, occupé par deux mille Piémontais et Autrichiens.	17.
	BREGLIO, dans le comté de Nice.	
	MACQUART, commandant.	
Idem.	Enlèvement de tous les postes aux environs de Breglio. Prise d'un canon, d'un fusil de rempart, et de quantité de munitions.	18.
	ONEILLE.	
	MOURET, commandant.	
Idem.	Prise d'Oneille, de treize bouches à feu, et de six cents fusils.	19.

C

ARMÉES.		GERMINAL. an I I.
PYRÉNÉES ORIENTALES.	MONTEILLA et URGEL. *DAGOBERT, commandant.* Défaite des Espagnols à Monteilla. Prise d'Urgel et de sept pièces de canon. Grand nombre de prisonniers.	21.
ARDENNES.	Entre VILLIERS et FLORENNE, à une lieue nord-est de Philippeville (ou Vedette républicaine). *CHARBONNIÉ, général-commandant.* Avantage signalé remporté par un faible détachement, sorti de Philippeville (ou Vedette républicaine), qui chasse l'ennemi du bois situé entre Villiers et Florenne, et le met en déroute après lui avoir tué soixante-dix hommes et fait plusieurs prisonniers.	21.
MOSELLE.	HAUTEURS DE TIFERDANGE. *DABONVAL, commandant.* Combat d'une compagnie du premier bataillon du Haut-Rhin, et quatre-vingts chasseurs républicains, contre soixante hussards de Wurmser, et quatre cents paysans armés. Les hussards mis en fuite ; les paysans taillés en pièces.	26.
Idem.	HAUTEURS DE MERTZIG. *VINCENT, commandant.* Occupation des hauteurs de Mertzig, après avoir repoussé l'ennemi.	27.
ITALIE.	PONTE DI NAVA, sur le Tanaro. *MASSENA, commandant.* Défaite de quinze cents Autrichiens à Ponte di Nava ; cent ennemis tués.	27.

ARMÉES.		GERMINAL, an 11.
	ORMÉA, dans le comté de Céva. *MASSENA, commandant.*	
ITALIE.	Prise d'Orméa, de douze canons, quarante barils de poudre, et de trente mille fusils. Quatre cents ennemis prisonniers.	28.
	ARLON. *JOURDAN, général en chef.*	
MOSELLE.	Bataille gagnée ; prise d'Arlon. Déroute complète de l'ennemi. Vingt-deux canons, trois caissons.	29.
	AUSSOY, près de Philippeville. *CHARBONNIÉ, général-commandant.*	FLORÉAL.
ARDENNES.	Déroute complète de l'ennemi après un combat de douze heures aux environs d'Aussoy. Deux cents Autrichiens tués.	3.
	Près de KURWEILLER. *MICHAUD, général en chef.*	
RHIN.	Victoire remportée après un combat opiniâtre. Le champ de bataille resté aux Français ; huit cents ennemis tant tués que blessés.	4.
	MONTS VALAISAN et SAINT-BERNARD, Poste de LA THUILE. *BAGDELONE, commandant.*	
ALPES.	Enlèvement, de vive force, de toutes les redoutes des monts Valaisan et Saint-Bernard, et du poste de la Thuile. Prise de vingt bouches à feu, deux cents fusils, quatorze espingoles, et quantité d'obusiers. Cent ennemis tués, deux cents prisonniers.	5.

ARMÉES.		FLORÉAL, au II.
	ARNÉGUY, IRAMÉNACA OU IRAMÉACA. *HARISPE*, *commandant*.	
PYRÉNÉES OCCIDENTALES.	Déroute des Espagnols et des émigrés, repoussés des postes d'Arnéguy et d'Iraméaca. Quatre-vingts ennemis tués, dix-sept faits prisonniers.	7.
	HAUTEURS DE BOSSU, BEAUMONT. *CHARBONNIÉ,* *DESJARDINS,* } *généraux-commandans.*	
ARDENNES.	Victoire remportée après quatre heures d'une résistance opiniâtre. Enlèvement, de vive force, des hauteurs de Bossu ; perte considérable de l'ennemi ; entrée et réunion des armées des Ardennes et du Nord dans Beaumont.	7.
	COURTRAY. *PICHEGRU*, *général en chef*. *DAENDELS*, *commandant*.	
NORD.	Prise de Courtray après une bataille générale sur toute la ligne, depuis Dunkerque jusqu'à Givet ; prise de trois pièces de canon et de plusieurs magasins.	7.
	ROCHER D'ARROLA. *HARISPE*, *commandant*.	
PYRÉNÉES OCCIDENTALES.	Enlèvement, de vive force, du poste du Rocher d'Arrola.	7.
	CRÊTE DE ROQUELUCHE. *MAUCO*, *commandant*.	
Idem.	Déroute de quatre mille hommes d'infanterie et de dix escadrons de cavalerie espagnole, repoussés à la baïonnette. Perte considérable de l'ennemi.	7.

Armées.	Oms et Pont de Céret.	Floréal, an II.
Pyrénées orientales.	**Dugommier**, *général en chef.* Expulsion de dix mille ennemis du village d'Oms, par trois mille républicains. Enlèvement des gorges et du pont de Céret.	8—10.
Nord.	**Mont-Castel.** *Souham, commandant.* Victoire à Mont-Castel, sur vingt mille Autrichiens. Prise de trente-deux canons et de deux drapeaux ; quatre mille ennemis tués.	10.
Idem.	**Menin.** *Moreau,* *Vandamme,* } *commandans.* Prise de Menin et d'une grande quantité d'artillerie. Quinze cents ennemis tués.	10.
Italie.	**Saorgio.** *Masséna,* *Macquart,* } *commandans.* Victoire sur les Piémontais. Prise de Saorgio, de l'artillerie ennemie, et de quantité de munitions.	10.
Pyrénées orientales.	**Les Albères, redoute de Montesquieu.** *Dugommier, général en chef.* Bataille gagnée sur les Espagnols aux Albères. Enlèvement de la fameuse redoute de Montesquieu. Prise de deux cents pièces de canon, grand nombre d'ennemis tués, deux mille prisonniers.	11—12.

ARMÉES.		FLORÉAL, an I I.
	LAMBSHEIM et FRANCKENTHAL. *MICHAUD, général en chef.*	
R H I N.	Prise de Lambsheim et de Franckenthal par les Français; les portes de cette dernière ville sont enfoncées à coups de canon.	12.
	CAP BÉARN, COLLIOURE, et PUYS DE LAS-DAINES. *DUGOMMIER,* *MICAS,* *GUILLOT,* *LEPELLETIER,* } *généraux-commandans.*	
PYRÉNÉES ORIENTALES.	Occupation, par les Français, des hauteurs du Cap Béarn et du Puys de las-Daines, où six mille hommes arrivent à travers les plus nombreux obstacles. Commencement du siége de Collioure.	15.
	FORT MIRABOUCK, POSTES DE VILLENEUVE DES PRATS. *CAIRE, commandant.*	
A L P E S.	Prise du fort Mirabouck, après quatorze heures d'attaque. Enlèvement des postes de Villeneuve des Prats.	20.
	REDOUTE DE MAUPERTUIS. *CAIRE, commandant.*	
Idem.	Prise de la redoute de Maupertuis; retraite précipitée de quatorze cents Piémontais à l'approche de six cents Français.	20.
	THUIN. *MARCEAU, commandant.*	
ARDENNES.	Prise de Thuin par les Français, après un combat opiniâtre. Enlèvement, à la baïonnette, de tous les retranchemens autrichiens.	21.

ARMÉES.	Devant TOURNAI, devant COURTRAY et INGELMUNSTER.	FLORÉAL, an II.
NORD.	*SOUHAM,* *DAENDELS,* } *commandans.* Défaite des ennemis devant Tournai ; prise de onze pièces de canon ; douze cents hommes tués. Combat de sept heures devant Courtray ; déroute complète de l'ennemi ; prise de plusieurs canons et caissons ; cent cinquante prisonniers. Déroute de l'ennemi à Ingelmunster ; grand nombre de tués ; prise de quatre canons.	21, 22 et 23.
ARDENNES.	CAMP DE MERBES. *DESJARDINS, général de division, commandant.* Enlèvement de tous les ouvrages du camp de Merbes, d'où l'ennemi est forcé de se retirer sous le canon de Grandreng. L'armée, commandée par Desjardin, charge sous le feu des batteries ennemies, en criant VIVE LA RÉPUBLIQUE ! Au passage de la Sambre (le 23), les grenadiers du 49e. régiment, ci-devant Vintimille, s'élancent à l'eau pour soutenir les tirailleurs. Ce 49e. régiment met en déroute la légion de Bourbon (le 24). Le 68e. régiment, ci-devant Beauce, soutient seul, sur un pont, l'attaque des Autrichiens de beaucoup supérieurs, quoiqu'en butte à l'artillerie, et conserve son poste.	23.
Idem.	GRANDRENG, à trois lieues nord-ouest de Beaumont. *DESJARDINS, général de division, commandant.* Combat opiniâtre ; prise et reprise, trois fois, du village de Grandreng.	24.

ARMÉES.	MONT-CÉNIS.	FLORÉAL, an II.
ALPES.	*DUMAS,* *BAGDELONE,* } *commandans.* Enlèvement, de vive force, des redoutes des Rivets, de la Ramasse, et autres postes sur le Mont-Cénis. Fuite précipitée des Piémontais, poursuivis à plus de trois lieues. Prise de leurs artillerie, équipages et munitions. Grand nombre d'ennemis tués, neuf cents prisonniers.	Nuit du 24 au 25.
PYRÉNÉES ORIENTALES.	COLLIOURE. *DUGOMMIER, général en chef.* Sortie de la garnison de Collioure ; trois mille Espagnols repoussés avec perte ; grand nombre de prisonniers. Le général en chef des Français, blessé dans cette action.	27.
NORD.	MOESCROEN ou MOUCRON. *THIERRY, commandant.* Défaite de l'ennemi à Moescroen ; enlèvement, à la baïonnette, de ses retranchemens. Prise de quatre canons ; quatre cents prisonniers.	29.
Idem.	Entre MENIN et COURTRAY. *SOUHAM, commandant.* Bataille gagnée sur les coalisés, entre Menin et Courtray. Fuite précipitée du duc d'Yorck. Prise de soixante-cinq pièces de canon. Grand nombre d'ennemis tués.	29.

ARMÉES.	BOUILLON vers CURFOZ.	FLORÉAL, au II.
	DUFOUR, commandant du bataillon de Bar.	
ARDENNES.	Glorieuse résistance de quinze cents Français, qui s'opposent à la marche de quatorze mille Autrichiens vers Curfoz. Valeur signalée de cent cinquante jeunes gens de la première réquisition, qui tiennent en échec toute la droite de l'armée de Beaulieu devant Bouillon.	29.
	GRANDE MATURE ROYALE, près Baïonne.	
	DUPEIRON, chef de bataillon.	
PYRÉNÉES OCCIDENTALES.	Enlèvement de six magasins ennemis, évalués plus d'un million. Rupture des écluses de la Grande Mâture royale. Prise d'une grande quantité de bestiaux.	29.
	POSTE DU ROCHER, près Berra.	
	MULLER, général en chef.	
Idem.	Déroute des Espagnols, repoussés à la baïonnette jusqu'à leur camp de Berra, avec une perte considérable.	29.
	Environs de FIGUIÈRES.	
	AUGEREAU, commandant.	
PYRÉNÉES ORIENTALES.	Déroute des Espagnols près de Figuières. Grand nombre d'ennemis tués, trois cents prisonniers.	30.
	BOUILLON.	
	HEYRAND, commandant.	
ARDENNES.	Belle défense de cent soixante Français, renfermés et attaqués par de nombreux ennemis, dans le château de Bouillon.	30.

ARMÉES.	LOBBES et ERQUELINNE.	PRAIRIAL, an II.
	CHARBONNIÉ, } *commandans.* *DESJARDIN,* }	
ARDENNES.	Défaite de l'ennemi à Lobbes et Erquelinne, après un combat de six heures. Quinze cents hommes tués.	1.
	SCHIFFERSTADT. *MICHAUD, général en chef.* Bataille de Schifferstadt, gagnée par quinze mille Républicains contre quarante mille Autrichiens. Mille ennemis tués ou blessés. Cent prisonniers. Un général Autrichien tué.	
RHIN.		4.
	NEUF-CHATEAU, près Bouillon. *JOURDAN, général en chef.* Déroute complète de l'avant-garde de Beaulieu. Grand nombre d'ennemis tués. Cent prisonniers.	
MOSELLE.		4.
	MERBES-LE-CHATEAU. *KLEBER, commandant.* Victoire à Merbes-le-Château, après une charge générale ; douze cents ennemis tués, deux cents prisonniers.	
ARDENNES.		5.
	SAINT-HUBERT. *JOURDAN, général en chef.* Enlèvement du poste de Saint-Hubert, défendu par deux mille Autrichiens. Fuite de l'ennemi, prise de son camp et de tous ses effets.	
MOSELLE.		6.

ARMÉES.	DINANT, à quatre lieues de Givet.	PRAIRIAL, an II.
MOSELLE.	*JOURDAN, général en chef.* Prise des redoutes et de la ville de Dinant. Grand nombre d'ennemis tués et blessés. Soixante prisonniers.	7.
PYRÉNÉES ORIENTALES.	FORT SAINT-ELME, PORT-VENDRE et COLLIOURE. *DUGOMMIER, général en chef.* Évacuation, par l'ennemi, des forts Saint-Elme et Port-Vendre. Reprise de Collioure. Sept mille Espagnols mettent bas les armes, et sont faits prisonniers jusqu'à l'échange. Prise de toute l'artillerie ennemie.	7.
MOSELLE.	SAINT-GÉRARD. *JOURDAN, général en chef.* Attaque des avant-postes du camp de Saint-Gérard par les républicains. Les coalisés débusqués de la majeure partie de leurs avant-postes.	12.
ARDENNES.	BOIS DE SAINTE-MARIE, à cinq lieues d'Yvoi-Carignan. *DEBRUN, commandant.* Déroute des ennemis près le bois de Sainte-Marie; deux cents hommes tués.	14.
PYRÉNÉES OCCIDENTALES.	COL D'ISPEGUY, LES ALDUDES, BERDARITZ. *LEPRANC, LAVICTOIRE, HARISPE,* commandans. Bataille gagnée sur plusieurs points. Enlèvement, à la baïonnette, du camp	15.

ARMÉES.		PRAIRIAL, an II.
PYRÉNÉES OCCIDENTALES.	d'Ispeguy, et des redoutes des Aldudes et de Berdaritz. Grand nombre d'ennemis tués. Quatre cent quatre vingts prisonniers.	15.
PYRÉNÉES ORIENTALES.	RIBEN, TOUZEN. *DOPPET, commandant.* Prise de Touzen et Riben sur les Espagnols, forcés à la retraite.	16.
ALPES.	POSTE DES BARRICADES, VALLÉE DE STURE. *VAUBOIS, commandant.* Prise du fameux poste des Barricades, communication rétablie entre l'armée des Alpes et celle d'Italie.	17.
PYRÉNÉES ORIENTALES.	Au-delà de LA JONQUIERE. *PÉRIGNON, commandant.* Défaite de 4000 Espagnols par un petit nombre de Français. Poursuite de l'ennemi au-delà de ses retranchemens ; prise de son camp. Investissement de Bellegarde.	19.
Idem.	CAMPREDON. *DOPPET, commandant.* Enlèvement de différens postes, et prise de Campredon.	19.
ALPES.	VALLÉE D'AOSTE, ou VAL D'AOUSTE. *ALMEYRAS, commandant.* Déroute de 1500 Piémontais par 200 Français dans la Vallée d'Aoste. Quarante ennemis tués.	23.

ARMÉES.	RIPOLL.	PRAIRIAL, an II.
	DOPPET, commandant.	
PYRÉNÉES ORIENTALES.	Prise, de vive force, et destruction des Forges de Ripoll.	23.
	SAMBRE, CHARLEROY.	
	JOURDAN, général en chef.	
MOSELLE.	Passage de la Sambre par l'armée de la Moselle. Investissement de Charleroy. Combat aux avant-postes. L'ennemi, par-tout repoussé, laisse beaucoup de prisonniers.	24.
	GOSSELIES, près Charleroy.	
	JOURDAN, général en chef.	
MOSELLE, ARDENNES, et NORD, réunies sur la SAMBRE.	Action vigoureuse sur plusieurs colonnes, qui repoussent tous les avant-postes de Charleroy, et se portent victorieuses jusqu'au-dessus de Gosselies.	24.
	Près CHARLEROY.	
	DEVAUX, *BOIS-GÉRARD,* } *commandans.*	
Idem.	Enlèvement et destruction, sous le feu du canon ennemi, d'une redoute près Charleroy. La garnison de Charleroy vigoureusement repoussée.	26.
	Près CHARLEROY, à côté de la chaussée de Bruxelles.	
	DEVAUX, adjudant-général-commandant.	
Idem.	Enlèvement, de vive force, et en moins	26.

ARMÉES.		PRAIRIAL, an II.
MOSELLE, ARDENNES, et NORD, réunies sur la SAMBRE.	de dix minutes, de la redoute près Charleroy, à côté de la chaussée de Bruxelles ; le premier bataillon du Bas-Rhin repousse vigoureusement une sortie de la garnison de Charleroy.	26.
Idem.	**TRASSIGNIES.** *JOURDAN, général en chef.* Victoire sur les coalisés, après un combat de douze heures. Prise de sept canons. Six mille ennemis tués. Cinq cents prisonniers.	28.
NORD.	**YPRES.** *MOREAU, commandant.* Prise d'Ypres, après douze jours de tranchée ouverte. La garnison de six mille hommes prisonnière. Prise de cent pièces de canon, vingt-neuf drapeaux, neuf cents chevaux.	29.
ALPES.	**PETIT SAINT-BERNARD.** *BAGDELONNE, commandant.* Défaite des Piémontais au Petit Saint-Bernard. Cent ennemis tués, cent prisonniers.	30.
PYRÉNÉES ORIENTALES.	**CAMPREDON.** *DOPPET, commandant.* Reprise de Campredon à la suite d'un combat.	MESSIDOR. 1.

ARMÉES.		MESSIDOR, an II.
PYRÉNÉES ORIENTALES.	**L'ÉTOILE, BEZALU.** *LEMOINE, commandant.* Prise des postes de l'Étoile et de Bezalu, de quatre drapeaux, cent trois tentes, quarante barils de poudre, vingt-neuf tonneaux de cartouches, et beaucoup d'autres munitions de guerre.	2.
PYRÉNÉES OCCIDENTALES.	**POSTES DU ROCHER DOS-D'ANE, et CROIX DES BOUQUETS.** *FRÉGEVILLE, commandant.* Bataille de la Croix des Bouquets, et enlèvement des postes du Rocher Dos-d'Ane. Déroute complète d'onze mille Espagnols; huit cents ennemis tués ou blessés; quarante prisonniers.	5.
NORD, ARDENNES, MOSELLE.	**CHARLEROY.** *JOURDAN, général en chef.* Prise de Charleroy rendu à discrétion; trois mille hommes de garnison prisonniers; cinquante pièces de canon.	7.
Idem.	**FLEURUS.** *JOURDAN, général en chef.* Victoire mémorable de Fleurus, remportée après dix-huit heures de combat, par soixante-dix mille républicains contre cent mille hommes des armées coalisées. Fuite de l'ennemi avec perte de dix mille hommes tués.	8.
PYRÉNÉES ORIENTALES.	**BELVER.** *CHARLET, commandant.* Prise de Belver, et déroute complète des Espagnols; mille ennemis tués ou blessés; trois cents prisonniers.	8.

ARMÉES.	LERNES, MARCHIENNES, MONCEAU et SOUVRET.	MESSIDOR, an II.
SAMBRE et MEUSE.	*KLÉBER, BERNARDOT, PONCET, DAURIER,* } *commandans.* Avantage considérable remporté sur l'ennemi aux postes de Lernes, Marchiennes, Mouceau et Souvret. Fuite et perte considérable de l'ennemi.	8.
Idem.	RŒULX, MONT-PALISEL, BOIS D'HARVÉ. *KLÉBER, commandant.* Enlèvement des redoutes et du camp de Rœulx, des postes du Mont-Palisel et du Bois d'Harvé. Prise de deux canons.	13.
NORD, SAMBRE et MEUSE.	MONS. *KLÉBER, commandant.* Prise de Mons; déroute de l'ennemi; prise de vingt mille quintaux de grains.	13.
SAMBRE et MEUSE.	SENEFF, NIVELLES vers GEMBLOUX. *OLIVIER, MARCEAU,* } *commandans.* Expulsion de l'ennemi, de Seneff. L'armée de Beaulieu est vigoureusement repoussée d'auprès de Gembloux.	13.
NORD.	OSTENDE. *MOREAU, commandant.* Prise d'Ostende et de quantité de vaisseaux ennemis.	13.

ARMÉES.	TOURNAI.	MESSIDOR, an II.
NORD.	*PICHEGRU, commandant.* Entrée des Français dans Tournai. Prise de vingt pièces de canon et de beaucoup de munitions.	14.
RHIN.	FREIBACH, HAMBACH, HOCHSTETT. *MICHAUD, général en chef.* Enlèvement, de vive force, de plusieurs avant-postes et retranchemens ennemis.	14.
ITALIE.	LOUANO et PIÉTRA sur les côtes de Gênes. *DUMERBION, général en chef.* Déroute de quatre mille Piémontais par la garnison de Louano ; leur expulsion de Piétra.	15.
NORD.	OUDENARDE et GAND. *PICHEGRU, général en chef.* Prise d'Oudenarde et de Gand ; vingt-quatre pièces de canon, dix mille boulets, trois cent mille rations de fourrages, quatorze bateaux chargés de munitions.	17.
SAMBRE et MEUSE.	VATERLO. *JOURDAN, général en chef.* *LEFEBVRE, commandant.* Défaite de trente mille ennemis par l'avant-garde de l'armée française, de quatorze mille hommes.	18.

ARMÉES.		MESSIDOR, an II.
	SOMBREF, BOIGNÉE, BALATRE. *HATRY, commandant.*	
SAMBRE et MEUSE.	Victoire remportée sur les coalisés à Sombref. Quatre mille ennemis tués, huit cents prisonniers.	18—19.
Idem.	**CHAPELLE SAINT-LAMBERT.** *DUBOIS, commandant.* Combat très-vif à Chapelle Saint-Lambert ; déroute de l'ennemi, qui laisse beaucoup de prisonniers.	20.
Idem.	**BRUXELLES.** *JOURDAN, général en chef.* Entrée victorieuse de l'armée de Sambre et Meuse dans Bruxelles. Prise des magasins et des munitions.	22.
PYRÉNÉES OCCIDENTALES.	**BERDARITZ, aux Aldudes.** *MONCEY, commandant.* Enlèvement, de vive force, du camp des émigrés, près Berdaritz. Fuite de l'ennemi avec perte de cent hommes tués, grand nombre de blessés, quarante-neuf prisonniers.	22.
RHIN.	**FREIBACH, FREIMERSHEIM, PLATZBERG et SAUKOLP.** *MICHAUD, général en chef.* Bataille gagnée sur toute la ligne ; enlèvement, de vive force, des postes de Freibach, Freimersheim, et des montagnes le Platzberg et Saukolp. Deux mille quatre cents ennemis tués. Prise de quinze canons.	25.

ARMÉES.	GORGES D'HOCHSPIRE, SPIRE et NEUSTADT.	MESSIDOR, an II.
RHIN.	*MICHAUD*, *général en chef.* Prise des gorges d'Hochspire, et entrée des Français dans Spire et Neustadt. Grand nombre de prisonniers.	26.
ITALIE.	VERTTAUTE, village du comté de Tende, sur le seul chemin qui sert de passage par les Alpes, de Tende à Coni. *LEBRUN*, *commandant.* Prise de Verttaute par les Français. Cinquante-neuf prisonniers; cinquante tués ou blessés.	26.
MOSELLE.	TRIPSTADT. *MOREAUX*, *commandant.* Enlèvement, à la baïonnette, des redoutes et du poste de Tripstadt. Prise de six canons et de deux obusiers.	26.
SAMBRE et MEUSE.	MONTAGNE-DE-FER, LOUVAIN. *KLÉBER*, *commandant.* Enlèvement, de vive force, du poste de la Montagne-de-fer, près Louvain. L'ennemi chassé de Louvain; prise de cette ville après une vigoureuse résistance.	27.
NORD.	MALINES. *SALME*, *commandant.* Prise de Malines après un combat. Les Français font deux cents prisonniers.	27.

ARMÉES.	NAMUR.	MESSIDOR, an 11.
	JOURDAN, général en chef.	
	HATRY, commandant.	
SAMBRE et MEUSE.	Prise de Namur; retraite forcée de l'ennemi; cinquante-une pièces de canon; quatre cents prisonniers.	28.
	KAYSERSLAUTERN.	
	MICHAUD, général en chef.	
RHIN	Prise de Kayserslautern et d'une quantité considérable de munitions. Fuite précipitée de l'ennemi.	29.
	LANDRECIES.	
	SCHÉRER, commandant.	
SAMBRE et MEUSE.	Reddition de Landrecies après six jours de tranchée. La garnison, forte de quinze cents hommes, prisonnière; prise de quatre-vingt-douze canons.	29.
	NIEUPORT.	
	MOREAU, commandant.	
NORD.	Prise de Nieuport après cinq jours de tranchée. Soixante pièces de canon; deux mille ennemis prisonniers.	30.
	HAUTEURS DE TIRLEMONT.	THERMID.
	JOURDAN, général en chef.	
SAMBRE et MEUSE.	Défaite de l'ennemi sur les hauteurs en arrière de Tirlemont. Grand nombre d'ennemis tués; soixante prisonniers.	1.

ARMÉES.	HUI et SAINT-TRON.	THERMID. an II.
SAMBRE et MEUSE.	*BOYER,* *HATRY,* } *commandans.* Déroute de l'ennemi, à Hui. Prise de Saint-Tron.	3.
PYRÉNÉES OCCIDENTALES.	VALLÉE DE BASTAN, FORT MAYA, MONTAGNE DE COMMISSARI, FONTARABIE. *MONCEY,* *LABORDE,* } *commandans.* *FRÉGEVILLE,* Entrée des Républicains dans la vallée de Bastan. Enlèvement, à la baïonnette, des retranchemens ennemis ; prise de tous leurs camps, de neuf canons, deux obusiers, dix-huit mille fusils. Bombardement de Fontarabie ; grand nombre d'ennemis tués ; cinq cents prisonniers.	6 , 7 , 8 , 9 et 10.
ITALIE.	ROCCAVION, village du Piémont vers la rive gauche de Gesso, à deux lieues sud-ouest de Coni. *LEBRUN, commandant.* Prise, de vive force, par les Français, du village de Roccavion. Trente-six prisonniers, et vingt tués ou blessés.	8.
SAMBRE et MEUSE.	LIÉGE. *JOURDAN,* } *commandans.* *HATRY,* Défaite de tous les avant-postes des ennemis devant Liége ; entrée des Français dans cette ville ; prise d'un canon ; trois cents ennemis prisonniers.	9.

ARMÉES.	ISLE DE CASSANDRIA.	THERMID. an II.
	MOREAU, commandant.	
NORD.	Prise de Cassandria et de soixante-dix canons. Passage du Cacysche ; retraite de l'ennemi sur Ysendick.	10.
PYRÉNÉES OCCIDENTALES.	IRUN, FORT DU FIGUIER, FONTARABIE, REDOUTE SAINT-MARTIAL. *MONCEY, FRÉGEVILLE, LABORDE,* } *commandans.* Conquête de la vallée de Bastan. Enlèvement de toutes les redoutes ; prise du fort du Figuier, de Fontarabie, de toutes les tentes et munitions ; deux cents bouches à feu, sept mille fusils ; deux mille prisonniers.	10, 13 et 14.
Idem.	ERNANI, SAINT-SÉBASTIEN, et le PORT-DU-PASSAGE. *MONCEY, commandant.* *FREGEVILLE, LABORDE,* } *généraux de division.* Enlèvement du poste important d'Ernani, et prise de Saint-Sébastien, de sa citadelle, du Port-du-Passage, de 2000 hommes de troupes de ligne espagnoles faits prisonniers, de 200 bouches à feu, d'immenses magasins de munitions de guerre et de bouche, et de 30 navires, dont plusieurs chargés de marchandises. Déroute de l'armée ennemie, poursuivie par les Français jusques sous les murs de Tolosa.	16.

ARMÉES.		THERMID an II.
	PELINGEN.	
	RENAUD, } *commandans.* *DUFOUR,*	
MOSELLE.	Enlèvement, à la baïonnette, des retranchemens et hauteurs de Pelingen. Quatre cents ennemis tant tués que prisonniers.	21.
	PONT DE VASSERBILICH.	
	DESBUREAUX, } *commandans.* *AMBERT,*	
Idem.	Enlèvement, de vive force, du pont de Vasserbilich. Prise d'un canon; trois cents ennemis tués ou blessés; quatre-vingts prisonniers.	21.
	TRÊVES.	
	MOREAUX, général en chef.	
Idem.	Entrée des Français dans Trêves; prise de trente-six canons et de vingt-quatre mille cartouches.	22.
	TOLOSA.	
	FREGEVILLE, commandant.	
PYRÉNÉES OCCIDENTALES.	Prise de Tolosa, à la suite d'un combat; deux cent cinquante ennemis tués, cent cinquante prisonniers.	22.
	SAINT-ENGRACE, ALLOQUI.	
	MARBOT, } *commandans.* *ROBERT,*	
Idem.	Enlèvement de plusieurs postes espagnols, et de la redoute d'Alloqui; destruction des retranchemens, et prise des effets de campement; quatre-vingts ennemis tués, quatorze prisonniers.	26.

ARMÉES.	SAINT-LAURENT DE LA MOUGA.	THERMID. au 11.
	DUGOMMIER, général en chef.	
PYRÉNÉES ORIENTALES.	Victoire près Saint-Laurent de la Mouga ; cinquante mille Espagnols mis en fuite ; deux mille cinq cents tués.	26.
	ROCASEINS.	
	SAURET, *MICAS,* *DESTAING,* } *commandans.*	
Idem.	Défaite, à Rocaseins, de quinze mille Espagnols par quatre mille républicains ; grand nombre d'ennemis tués ; prise d'un canon.	26.
	LE QUESNOY.	
	SCHERER, commandant.	
SAMBRE et MEUSE.	Reprise du Quesnoy, rendu à discrétion après vingt jours de tranchée ; cent vingt bouches à feu ; munitions de toute espèce : deux mille huit cents prisonniers.	28.
	FORT L'ÉCLUSE.	FRUCTIDOR
	MOREAU, commandant.	
NORD.	Prise du fort l'Écluse, de cent cinquante-deux bouches à feu, cent milliers de poudre et huit cents fusils. La garnison, composée de deux mille hommes, prisonnière.	9.
	VILLAGE D'ANZAIN, et redoutes près Valenciennes.	
	OSTEN, commandant.	
SAMBRE et MEUSE.	Enlèvement, à la baïonnette, du village d'Anzain, et des postes et redoutes tenant à Valenciennes.	10.

ARMÉES.	VALENCIENNES.	FRUCTID. an II.
SAMBRE et MEUSE.	**SCHERER**, *commandant.* Reprise de Valenciennes ; la garnison, de quatre mille cinq cents hommes, prisonnière sur parole. Prise de deux cent vingt-sept canons, de huit cents milliers de poudre, et de magasins de toute espèce.	10.
PYRÉNÉES OCCIDENTALES.	EIBON. **COSSAUNE**, *commandant.* Défaite de sept mille Espagnols à Eibon ; prise de deux drapeaux.	11.
Idem.	ERMILLA. **GRAVIER**, *commandant.* Déroute des Espagnols, poursuivis au pas de charge ; prise de deux canons ; grand nombre de tués.	11.
Idem.	ONDOROA. **SCHILT**, *commandant.* Déroute de quatre mille ennemis ; prise de leurs retranchemens et de onze pièces de canon. Entrée des Français dans Ondoroa.	11.
SAMBRE et MEUSE.	CONDÉ. **SCHERER**, *commandant.* Reprise de Condé ; seize cents hommes de garnison prisonniers sur parole. Six mille fusils, trois cents milliers de poudre, cent mille boulets, six cents milliers de plomb, munitions pour six mois ; prise de cent quatre-vingt-huit bâtimens de commerce.	13.

ARMÉES.		FRUCTID. an II.
MOSELLE.	**SANDWEILLER.** *VINCENT*, *DUSIRAT*, } *commandans.* Combat très-vif, près Sandweiller ; l'ennemi débusqué de ses positions ; perte considérable des Autrichiens.	16.
PYRÉNÉES OCCIDENTALES.	**VALLÉE D'ASPE.** *ROBERT*, *commandant.* Défaite, dans la vallée d'Aspe, de six mille Espagnols par six cents Français ; grand nombre d'ennemis ués.	18.
Idem.	**LESCUN.** *MARBOT*, *GARRIN*, } *commandans.* Déroute des Espagnols, mis en fuite par les avant-postes de Lescun. Cent ennemis tués, trois cents blessés, soixante-quatre prisonniers.	18.
MOSELLE.	**HAUTEURS DE COURTEREN.** *DUSIRAT*, *commandant.* Combat en avant de Courteren ; perte considérable des Autrichiens ; cent vingt-un prisonniers faits sur eux.	26.
ALPES.	**VALLÉES DE CHATEAU-DAUPHIN, DE MAÏRE, DE STURE, CAMPS DE LA CHENAL, SAMBUCK et PRATZ.** *PETIT GUILLAUME*, *commandant.* Enlèvement, à la baïonnette, des camps de la Chenal, Sambuck, Pratz, et de divers autres postes. Prise de deux canons, six cents fusils, et beaucoup de munitions. Plus de deux cents ennemis tués, deux cent quatre-vingt-dix prisonniers.	28.

ARMÉES.	BOXTEL.	FRUCTID. an II.
	PICHEGRU, *général en chef.*	
NORD.	Déroute totale de l'ennemi à Boxtel ; cinq mille Anglais battus par huit cents Français ; deux bataillons ennemis désarmés par trente hussards. Prise de huit canons ; deux mille prisonniers.	3o.
	BELLEGARDE.	JOURS COMPLÉT.
PYRÉNÉES ORIENTALES.	*DUGOMMIER*, *général en chef.* Reprise de Bellegarde , dernière place française occupée par l'ennemi. La ville rendue à discrétion , après quatre mois et demi d'investissement. Prise de soixante-dix canons et de quarante milliers de poudre. Mille hommes de garnison prisonniers.	1.
SAMBRE et MEUSE.	MASEICK, LAUWFELD, ÉMALE, MONTENACKEN, L'OURT et L'AYWALE, SPRIMONT, CAMP DE LA CHARTREUSE. *JOURDAN*, *général en chef.* SCHÉRER, KLÉBER, *généraux de division , commandans.* Victoire remportée par toute la ligne de l'armée, depuis Maseick jusqu'à Sprimont ; prise de Lauwfeld , d'Émale , et de Montenacken ; passage de l'Ourt et de Laywale ; levée du camp de la Chartreuse par l'ennemi ; deux mille huit cents des siens tués ; mille cinq cents prisonniers ; prise de trente-quatre canons , cinq drapeaux , soixante-dix-neuf caissons.	2.

ARMÉES.	HAUTEURS DE CLERMONT.	JOURS COMPLÉM. an II.
SAMBRE et MEUSE.	*CHAMPIONNET,* *LEGRAND,* } *commandans.* Enlèvement. de vive force, des hauteurs de Clermont, après sept attaques successives. Huit cents ennemis tués ou blessés.	4.
ITALIE.	CAIRO, entre FINALE et ACQUI. *DUMERBION, général en chef.* Victoire du Cairo, remportée sur les Piémontais, soutenus par dix mille Autrichiens. Prise de magasins considérables. Mille ennemis tués ou blessés.	4--5.
PYRÉNÉES ORIENTALES.	MONT-ROCH, à trois lieues de Bellegarde. *AUGEREAU, commandant.* Déroute des Espagnols au Mont-Roch ; prise de quatre canons. Douze cents ennemis tués ou blessés.	5.
SAMBRE et MEUSE.	BOIS D'AIX-LA-CHAPELLE ET DE RECKEM. *JOURDAN, général en chef.* Enlèvement, de vive force, des postes du bois d'Aix et de Reckem. Mille ennemis tués.	VENDÉM. au III. 1.
PYRÉNÉES ORIENTALES.	COSTOUGE. *DUGOMMIER, général en chef.* Enlèvement de la redoute et du camp de Costouge, ainsi que de tous les effets de campement ; retraite précipitée et perte considérable de l'ennemi.	Du 1 au 2.

ARMÉES.		VENDÉM. an III.
	OLIA et MONTEILLA. *CHARLET, commandant.*	
PYRÉNÉES ORIENTALES.	Défaite des Espagnols à Olia et à Monteilla. Soixante ennemis tués.	5.
	CREVECŒUR. *DELMAS, commandant.*	
NORD.	Capitulation de Crevecœur. Prise de vingt-neuf bouches à feu, mille fusils, trente milliers de poudre ; cinq cents prisonniers.	6.
	KAISERSLAUTERN, ALSBORN. *MICHAUD, général en chef*	
RHIN.	Reprise de Kayserslautern, d'Alsborn et autres postes environnans. Les Prussiens sont forcés à la retraite.	6.
	ALDENHOVEN. *JOURDAN, général en chef.*	
SAMBRE et MEUSE.	Bataille d'Aldenhoven ; déroute complète des coalisés. Cinq mille ennemis tant tués que blessés.	11.
	JULIERS. *JOURDAN, général en chef.*	
Idem.	Reddition de Juliers, à discrétion. Huit cents prisonniers, soixante pièces de canon et un arsenal bien pourvu.	12.

ARMÉES.		VENDÉM. an III.
	COLOGNE. *JOURDAN, général en chef.*	
SAMBRE et MEUSE.	Reddition de Cologne. Prise d'une grande quantité d'artillerie, et d'immenses magasins; fuite précipitée des Autrichiens.	15.
	FRANKENTHAL. *DESAIX, commandant.*	
RHIN.	Combat de Frankenthal; prise de cette ville; quatre cents ennemis tués; soixante prisonniers.	17.
	SHELAUDENBACH. *MICHAUD, général en chef.*	
Idem.	Prise de Schelaudenbach et de Volffstein, après un léger combat; et réunion des armées du Rhin et de la Moselle à Lautreck.	18—19.
	PLATEAU DU MONT-SAINT-PIERRE. *DUHESME, commandant l'armée chargée de l'investissement de Maestricht.*	
SAMBRE et MEUSE.	Reprise, de vive force, de deux canons, par le 3e. régiment de chasseurs à cheval, et reprise du château de Mont-Saint-Pierre. Quatre-vingts ennemis tués ou faits prisonniers.	19.
	BIRKENFELDT, OBERSTEIN, KIRN, TRARBACH, MEISENHEIM. *MOREAUX, général en chef.*	
MOSELLE.	Marche des Français sur Birkenfeldt, Oberstein, Kirn, Trarbach et Meisenheim, où les retranchemens des ennemis sont forcés. Évacuation de tous ces postes par les coalisés.	20.

ARMÉES.	BOIS-LE-DUC.	VENDÉM. an III.
	DELMAS, commandant.	
NORD.	Entrée des troupes républicaines dans Bois-le-Duc ; prise de cent quarante-six bouches à feu, cent trente milliers de poudre, neuf mille fusils, six cent cinquante-huit prisonniers.	21.
RHIN.	OTTERBERG, ROCKENHAUSEN, LANDSBERG, ALZEIN et OBERHAUSEN. *MICHAUD, général en chef.* Prise d'Otterberg, Rockenhausen, Landsberg, Alzein et Oberhausen, après la retraite forcée de l'ennemi.	23.
Idem.	GELLHEIM, GRUNSTADT, FRANKENTHAL. *MICHAUD, général en chef.* Combat et prise de Gellheim et de Grunstadt ; et reprise de Frankenthal.	24.
PYRÉNÉES OCCIDENTALES.	Entre L'ECUMBERY et VILLA NOVA. *MONCEY, général en chef.* Bataille gagnée sur les Espagnols ; prise de la belle mâture d'Iraty, des superbes fonderies d'Eguy et d'Orbaycette, évaluées trente-deux millions. Prise de cinquante canons, deux drapeaux, et de plusieurs magasins. Deux mille cinq cents ennemis tués ; deux mille cinq cents prisonniers.	26.
MOSELLE.	CREUTZNACH. *MOREAUX, général en chef.* Combat et prise de Creutznach par les Français.	26.

ARMÉES.	BURGUET, ALMANDOS.	VENDÉM. an III.
PYRÉNÉES OCCIDENTALES.	DELABADE, commandant. Défaite de sept mille Espagnols, près de Burguet et d'Almandos. La majeure partie tuée, le reste prisonnier.	27.
RHIN.	KIRCHEIM, WORMS. MICHAUD, général en chef. Déroute de l'ennemi près de Kircheim et Worms; prise de ces deux villes.	27.
NORD.	ENVIRONS DE NIMÈGUE. SOUHAM, commandant. Défaite de l'ennemi aux environs de Nimègue; destruction de la légion de Rohan; prise d'un drapeau, de quatre canons, six cents prisonniers.	28.
MOSELLE.	BINGEN. MOREAUX, général en chef. Entrée des Français dans Bingen, après avoir chassé les Prussiens des positions importantes qu'ils avaient en avant de la ville.	29.
RHIN.	ALZEY, entre CREUTZNACH et WORMS, OPPENHEIM, sur le Rhin. DESAIX, général de division, commandant. Prise d'Alzey et d'Oppenheim; déroute des ennemis.	BRUMAIRE. 1.

ARMÉES.	COBLENTZ. *MARÇEAU*, commandant.	BRUMAIRE an III.
SAMBRE et MEUSE.	Prise de Coblentz ; attaque et enlèvement des retranchemens ; fuite de l'ennemi au-delà du Rhin ; grand nombre de tués et de prisonniers.	2.
PYRÉNÉES ORIENTALES.	BHAGA. *DEVAUX*, commandant. Combat dans lequel les Espagnols sont repoussés, avec perte considérable, jusqu'à Bhaga.	2.
Idem.	DORI, TOZAS, CASTEILLAN. *CHARLET*, *GILLY*, } commandans. Enlèvement, de vive force, des postes de Dori et Tozas, et des sept retranchemens de Casteillan ; prise et destruction des magasins ; grand nombre d'ennemis tués.	2.
NORD.	HULTZ, AXEL et SAS DE GAND. *PICHEGRU*, général en chef. Prise de Hultz, Axel et Sas de Gand. Garnisons ennemies prisonnières de guerre.	5.
Idem.	VENLO. *LAURENT*, commandant. Prise de Venlo, attaqué par cinq mille Français et quelques pièces de campagne. La garnison de dix-huit cents hommes prisonnière sur parole. Cent cinquante canons, deux cents milliers de poudre, sept mille fusils.	8.

ARMÉES.	REVERS DE LA MONTAGNE NOIRE.	BRUMAIRE, an III.
	AUGEREAU, | *PAPIN,* \} *commandans.*	
PYRÉNÉES ORIENTALES.	Déroute des Espagnols sur les revers de la Montagne Noire. Grand nombre d'ennemis tués ; le reste poursuivi, à la baïonnette, jusque dans ses retranchemens.	11.
MOSELLE.	**RHEINFELS.** *MOREAUX, général en chef.* *VINCENT, commandant.* Entrée des Français dans Rheinfels, évacué par douze cents ennemis. Prise de trente-neuf bouches à feu, et de quantité de fusils et munitions.	12.
SAMBRE et MEUSE.	**MAESTRICHT.** *KLÉBER, commandant.* Prise de Maestricht après onze jours de tranchée ouverte. Garnison de dix mille hommes, prisonnière sur parole. Prise de trois cent cinquante-une bouches à feu, de vingt mille fusils et de quatre cents milliers de poudre.	14.
NORD.	FORT DE SCHENK, au confluent du Wal et du Rhin. *VANDAMME, commandant.* Prise du fort de Schenk ; les Français s'en emparent, en passant, dix par dix, sur des barques.	16.

ARMÉES.	BERG-OP-ZOOM.	BRUMAIRE, au III.
	WATELETTE, chef de bataillon, commandant.	
NORD.	Sortie de la garnison de Berg-op-zoom, chargée, à la baïonnette, par les Français, et forcée d'y rentrer, avec perte de cent hommes tués, et de quatre-vingts faits prisonniers.	17.
	NIMÈGUE.	
	SOUHAM, commandant.	
Idem.	Entrée triomphante des Français dans Nimègue. Douze cents Hollandais prisonniers de guerre ; prise de cent bouches à feu.	18.
	BURICK.	
	MOREAU, *VANDAMME,* } *commandans.*	
Idem.	Prise de Burick ; ses retranchemens forcés. Cent ennemis tués, cinquante prisonniers.	19.
	MONBACH.	
	MICHAUD, général en chef.	
RHIN.	Prise de Monbach et de tous les postes de la forêt en avant de ce village, dont l'ennemi est chassé.	22.
	WEISSENAU.	
	DESAIX, général de division, commandant.	
Idem.	Prise de Weissenau après plusieurs attaques ; perte considérable du côté de l'ennemi. Quatre-vingts prisonniers.	22.

ARMÉES.	SAINT-SÉBASTIEN DE LA MOUGA, MONTAGNES et CHAPELLE DE LA MADELAINE et DE CARBOUILHE.	BRUMAIRE, an III.
	DUGOMMIER, général en chef, tué d'un coup d'obus pendant l'action.	
	PÉRIGNON, général.	
PYRÉNÉES ORIENTALES.	Bataille gagnée sur les Espagnols. Enlèvement de plusieurs camps et de huit redoutes ; prise de deux drapeaux, et de tentes pour dix mille hommes. Trente bouches à feu, quinze cents fusils, douze cents prisonniers.	27.
Idem.	ESCOLA, LIERS, VILARTOLY. *PÉRIGNON*, général. Bataille gagnée à Escola, Liers et Vilartoly, sur cinquante mille Espagnols mis en déroute. Enlèvement de plusieurs camps et de quatre-vingts redoutes. Deux cents bouches à feu. Neuf mille ennemis tués.	30.
MOSELLE.	BLASCHEIDT, LORENTSWEILLER. *DEBRUN*, commandant. Défaite de douze cents hommes d'infanterie et de trois cents hommes de cavalerie, auprès de Blascheidt et de Lorentsweiller. Beaucoup d'ennemis tués et blessés ; six prisonniers.	30.

ARMÉES.		FRIMAIRE an III.
	FORÊT DE GRUNNEVALD, près Luxembourg.	
	$DEBRUN,$ $HUET,$ \} commandans. $PEDUCHELLE,$	
MOSELLE.	Défaite de plus de quatre mille ennemis, après un combat de sept heures. Prise de trois pièces de canon, et de quatre caissons. Trente ennemis faits prisonniers.	1.
	GORGES D'OSTÉS. *MARBOT, commandant.*	
PYRÉNÉES OCCIDENTALES.	Victoire remportée à Ostés, après un combat de deux jours. Déroute complète de l'armée espagnole. Mille ennemis tués ou blessés, grand nombre faits prisonniers.	4--5.
	FIGUIÈRES. *PÉRIGNON, général.*	
PYRÉNÉES ORIENTALES.	Prise de la forteresse de Figuières, de cent soixante-onze bouches à feu, deux cent milliers de poudre. La garnison de neuf mille cinq cents hommes, prisonnière.	7.
	BEGARA, ASCUATIA, ASPETIA. $LAROCHE,$ $SCHILLE,$ \} commandans. $FREGEVILLE,$	
PYRÉNÉES OCCIDENTALES.	Bataille gagnée sur les Espagnols. Prise de plusieurs fonderies, de quatre drapeaux, d'un canon, cinq mille fusils, de la caisse militaire, trente-trois caissons d'argenterie et quantité de munitions. Trois cents ennemis tués, deux cents prisonniers.	8.

ARMÉES.		FRIMAIRE, an III.
	REDOUTE DE MERLIN, devant Mayence. *SAINT-CYR, général de division, commandant.* Enlèvement de la redoute, dite de Merlin, devant Mayence. Prise de quatre canons, deux obusiers. Six cents ennemis tués, quatre-vingts prisonniers.	
RHIN et MOSELLE.		11.
MOSELLE.	**REDOUTES DE SALBACH,** près Mayence. *MOREAUX, général en chef.* Enlèvement, de vive force, des redoutes de Salbach. Prise de six pièces de canon et d'un obusier. Six cents Autrichiens tués, deux cents prisonniers.	14.
		NIVÔSE.
NORD.	**BOMMEL et FORT SAINT-ANDRÉ.** *DAENDELS, commandant.* Passage du Waal ; les retranchemens ennemis forcés à la baïonnette. Prise de Bommel, du fort Saint-André, et de quatre postes environnans.	7.
Idem.	**GRAVE.** *PICHEGRU, général en chef.* *SALME, commandant.* Reddition de Grave. Dix-huit cents prisonniers, non compris la garnison. Cent bouches à feu ; six cents chevaux.	

ARMÉES.	FORT-LA-TRINITÉ OU BOUTON DE ROSES.	NIVÔSE, an III.
PYRÉNÉES ORIENTALES.	**SAURET**, *commandant.* Prise du Fort-la-Trinité, de neuf bouches à feu et de quantité de munitions. Fuite nocturne de l'ennemi.	17.
NORD.	**TIEL.** **DEVINTER**, *commandant.* Prise de Tiel et de six forts, enlevés sous le feu le plus terrible. Trois cents canons, dix-neuf drapeaux, beaucoup de munitions.	22.
Idem.	**HEUSDEN.** **PICHEGRU**, *général en chef.* Prise d'Heusden, de cent soixante-treize pièces de canon et cent cinquante milliers de poudre. Douze cents hommes de garnison prisonniers sur parole.	24.
Idem.	**UTRECHT, AMERSFORT.** **PICHEGRU**, *général en chef.* Prise d'Utrecht, d'Amersfort, et des lignes du Greb; quatre-vingts pièces de canon. Passage de la Leck.	28.
Idem.	**GERTRUYDENBERG.** **PICHEGRU**, *général en chef.* **BONNEAU**, *général de division, commandant.* Prise de Gertruydenberg, après un bombardement de quatre jours, et enlèvement de tous ses forts. La garnison faite prisonnière sur parole.	29.

ARMÉES.	AMSTERDAM, GORCUM, DORDRECHT.	PLUVIÔSE, an III.
NORD.	*PICHEGRU*, général en chef. Reddition de Gorcum, Dordrecht et Amsterdam.	2.
PYRÉNÉES ORIENTALES.	ROSES. *SAURET*, commandant. Prise de Roses, après vingt-sept jours de siége. Reddition d'une partie de la garnison; soixante bouches à feu. Cinq cent quarante-un prisonniers.	15.
NORD.	HOLLANDE. *PICHEGRU*, général en chef. Invasion de toutes les Provinces-Unies; reddition de toutes les places fortes, et des vaisseaux de guerre.	15.

FIN.